Les chênes de Vimy

La route vers la paix

Linda Granfield

Illustrations de
Brian Deines

Texte français de Martine Faubert

À la mémoire de mon cousin Thomas Ivan Proudler (1899 – 1917) qui est mort lors de la bataille de la crête de Vimy avant même d'avoir vingt ans. Il y repose encore aujourd'hui.
— L. G.

À Jack, Jeff et Mike.
— B.D.

Les illustrations sont des huiles sur toile.

Les citations en italique sont tirées de diverses pages du journal de Leslie H. Miller.

Catalogage avant publication de Bibliothèque et Archives Canada

Granfield, Linda
[Vimy oaks. Français]
Les chênes de Vimy : la route vers la paix / Linda Granfield ; illustrations de Brian Deines ; texte français de Martine Faubert.

Traduction de : The Vimy oaks.
ISBN 978-1-4431-4851-1 (couverture souple)

1. Miller, Leslie H., 1889-1979--Ouvrages pour la jeunesse. 2. Monument commémoratif du Canada de Vimy (Pas-de-Calais, France)--Ouvrages pour la jeunesse. 3. Monuments aux morts--France--Ouvrages pour la jeunesse. 4. Monuments aux morts--Ontario--Ouvrages pour la jeunesse. 5. Guerre mondiale, 1914-1918--Monuments--France--Ouvrages pour la jeunesse. 6. Guerre mondiale, 1914-1918--Monuments--Ontario--Ouvrages pour la jeunesse. 7. Bataille de Vimy, France, 1917--Ouvrages pour la jeunesse. 8. Arbres--Plantation--Ouvrages pour la jeunesse. 9. Commémorations--Ouvrages pour la jeunesse. 10. Soldats--Canada--Biographies--Ouvrages pour la jeunesse. I. Deines, Brian, illustrateur II. Titre. III. Titre: Vimy oaks. Français.

D663.G7314 2017   j940.4'65   C2016-906823-4

Édition publiée par les Éditions Scholastic, 604, rue King Ouest, Toronto (Ontario) M5V 1E1 CANADA.

5 4 3 2 1   Imprimé au Canada 114   17 18 19 20 21

Nous étions en France et nous sommes arrivés au pas militaire sur le flanc boisé d'un coteau longeant un vallon. On y reconnaissait des hêtres, des châtaigniers, de vieux ormes majestueux... Les arbres, qui bordaient la route ou formaient des bosquets, avaient été plantés longtemps auparavant. En contemplant leur beauté, à leur pied ou dans le paysage, une seule idée venait à l'esprit : planter des arbres était un geste d'une grande sagesse.

Leslie H. Miller, octobre 1915

En 1951, par une chaude journée d'été, Monty McDonald se promène en voiture avec sa famille dans la campagne. Ils roulent tant bien que mal sur Kennedy Road, un chemin de terre étroit et caillouteux, à l'est de Toronto. Près d'un arbre à l'entrée d'une ferme, ils aperçoivent un panneau comportant une liste de produits avec leurs prix.

— *Les Chê-nes de Vi-my*, lit Monty à voix haute en détachant les syllabes des mots inscrits en haut de la liste. Papa, qu'est-ce que c'est, Vimy?

— Tu as bien lu, Monty, dit Sandy McDonald. Vimy est le nom d'une bataille importante qui a eu lieu en France pendant la guerre. Allons demander au propriétaire pourquoi sa ferme porte ce nom.

Sandy s'engage dans l'entrée, curieux de connaître… l'histoire.

5

Le fermier, Leslie Howard Miller, accueille les McDonald. Il leur fait faire le tour de la propriété. Il y est né en 1889 et elle appartient à sa famille depuis très longtemps. Les légumes mûrissent dans les champs et les arbres du verger croulent sous le poids des fruits.

En plus des arbres fruitiers, on retrouve des érables à sucre, des bouleaux blancs, mais aussi des cèdres, des pins et des rangées d'épinettes qui embaument l'air.

D'immenses noyers noirs longent la ferme. Ces arbres font partie de l'histoire des Miller. Comme d'autres colons en Ontario, les ancêtres de Leslie savaient que si ces arbres prospéraient, cela signifiait qu'ils auraient de bonnes terres à cultiver, du bois pour construire leurs cabanes et leurs clôtures, et des noix à manger.

Ce jour-là, les McDonald rencontrèrent les Miller à l'ombre de grands chênes au feuillage dense se dressant en rangées tels des soldats au garde-à-vous. Des chênes comme il y en avait par-delà l'océan, à Vimy, en France, avant que la Grande Guerre ne fasse tout basculer.

7

Don't be Alarmed, the Canadians are on guard..

Quand la Première Guerre mondiale se déclenche en août 1914, personne ne sait que des millions de jeunes gens mourront avant que ce conflit ne se termine en 1918. Personne ne sait que des villages seront rayés de la carte et que des pays changeront à tout jamais. En fait, tout le monde croit que la guerre sera finie avant Noël.

Les causes du conflit sont multiples. Certains pays veulent devenir plus puissants. D'autres veulent se venger de torts passés ou se sentent menacés par l'essor militaire et industriel de leurs voisins. L'atmosphère est tendue et les gens sont prêts pour la guerre. L'assassinat de l'héritier du trône de l'Empire austro-hongrois, en juin 1914, est l'événement qui déclenche les hostilités.

Des cartes postales patriotiques et des affiches invitaient les jeunes Canadiens à se joindre à l'armée. Elles assuraient également aux familles qu'elles pouvaient se sentir en sécurité chez elles.

En 1915, une longue file de tramways sur l'avenue Portage, à Winnipeg, au Manitoba, s'arrête au passage des nouvelles recrues qui partent à la guerre. Des femmes, des hommes trop vieux et des garçons trop jeunes pour combattre regardent les troupes quitter la ville.

L'armée allemande envahit la Belgique. C'est une violation du traité établissant la neutralité belge. Le 4 août 1914, le gouvernement britannique, garant du traité, déclare alors la guerre à l'Allemagne. D'autres pays font de même et forment le bloc des « Alliés ».

Quand le Canada entre en guerre aux côtés des Alliés, Leslie enseigne en Saskatchewan. À la fin de 1914, il part pour Winnipeg, au Manitoba, et s'enrôle dans le Corps expéditionnaire canadien. Il a vingt-cinq ans, connaît le latin, le grec et l'hébreu et parle couramment le français et l'allemand. Plus âgé que la majorité des soldats, très instruit et ayant déjà suivi des entraînements militaires, Leslie est un atout pour le Corps canadien des transmissions. En février 1915, il est envoyé en Angleterre avec d'autres troupes.

Pendant l'hiver 1914-1915, Leslie pose en uniforme pour ce portrait pris à Winnipeg. Plus tard, il dira à son frère Carman qu'à Winnipeg, le temps était « glacial avec beaucoup de neige ».

1915

Folkstone, England,

Ce portrait de Leslie a été pris à la base militaire de Shorncliffe, près de Folkestone, en Angleterre. Au cours de la Première Guerre mondiale, des milliers de troupes ont traversé la Manche pour se rendre en France depuis Folkestone, ou pour revenir lorsque des soldats étaient blessés ou en permission.

Le drapeau blanc avec une bande bleue était utilisé pour envoyer des messages dans un environnement sombre. Le drapeau bleu uni était utilisé le jour ou dans un environnement lumineux.

Leslie, debout à l'extrême gauche, pose avec un groupe de signaleurs du Corps canadien des transmissions. Ils tiennent les drapeaux bleus et blancs dont ils se servent pour envoyer des messages.

Les signaleurs exécutent des tâches importantes dans des conditions dangereuses. En temps de guerre, les armées doivent transmettre des messages concernant le déploiement de leurs troupes, l'heure prévue des attaques et les menaces ennemies. Ces messages ne doivent pas être interceptés par l'ennemi. Les signaleurs sont chargés d'installer les fils de téléphone et de télégraphe dans les tranchées boueuses, de télégraphier des messages en morse et de traduire des messages écrits en d'autres langues. Ils sont souvent très près du front et nombre d'entre eux sont tués dans l'exercice de leurs fonctions.

Certains signaleurs livrent aussi des messages à bicyclette, à moto ou à pied, au pas de course. Parfois, ils utilisent des pigeons voyageurs qui transportent les messages sur de petits bouts de papier attachés à une de leurs pattes. Ils doivent faire fonctionner tout un équipement, le transporter, le protéger de la boue et le réparer. En raison de son expérience, Leslie est d'abord stationné en Angleterre pour former d'autres signaleurs. Six mois plus tard, il traverse la Manche et se rend sur les champs de bataille meurtriers du nord de la France et en Belgique.

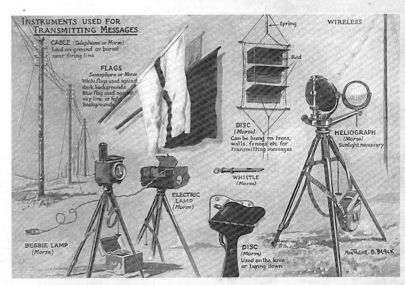

Les miroirs constituaient une partie importante de certains instruments de transmission. L'héliographe (à droite) comprenait un miroir et des volets que le signaleur déplaçait pour refléter la lumière du soleil et envoyer des messages en morse.

11

Durant la guerre, beaucoup de soldats écrivent un journal. Cela les aide à oublier les longues heures d'attente avant de manger, de se laver, de s'entraîner, de partir au combat ou de recevoir du courrier. Quand ils écrivent des lettres, ils n'indiquent jamais l'endroit exact où ils se trouvent, de crainte que l'ennemi ne les intercepte et ne découvre les stratégies militaires.

Dans son journal, Leslie parle des gens qu'il rencontre, des paysages qui l'entourent et un peu de son travail. Il note les livres qu'il a aimés, et les films muets et les spectacles qu'il a vus pendant sa permission de quelques jours en Angleterre. De retour en France, il est stationné dans de dangereuses tranchées où il doit traduire et envoyer des messages au cours des batailles. De plus, il souffre de la fièvre des tranchées.

Il note aussi dans son journal le nom des arbres et des fleurs sauvages, et quand il voit une technique intéressante pour faire pousser des arbres, il la dessine. Les rares parcelles de vie aux couleurs vibrantes qui ponctuent le paysage ravagé par la guerre le réconfortent.

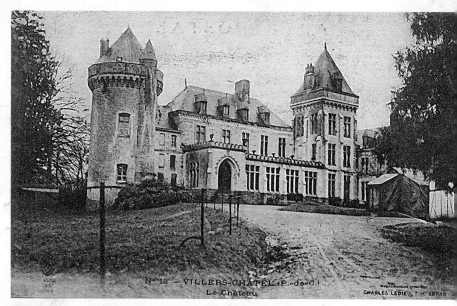

N° 18 – VILLERS-CHÂTEL (P.-de-C.)
Le Château

Quand il y avait des accalmies au front, Leslie aimait faire de la randonnée. Alors qu'il se trouvait à proximité d'un château du XIVe siècle, dans le village de Villers-Châtel, il remarqua une splendide allée de hêtres et en fit mention dans son journal.

Nous sommes dans une casemate, à deux ou trois mètres sous terre. On y entre par un passage couvert. Il fait si noir que les bougies restent allumées jour et nuit. Le fond est rempli d'eau et les flancs argileux s'écroulent par endroits.

Leslie H. Miller

Les journaux des soldats tenaient habituellement dans leurs poches. L'un des journaux de Leslie mesurait 11 cm sur 19 cm. Il était rempli de notes soigneusement écrites et d'esquisses. Voici le croquis de l'allée de hêtres formant une voûte qu'il vit au château.

Autour du château, les bois sont composés de très grands arbres de multiples espèces. C'est extraordinaire... Le parc est bordé de l'avant à l'arrière... par de magnifiques hêtres aux branches entrelacées et aux troncs nus de près de cinquante pieds de haut.

13

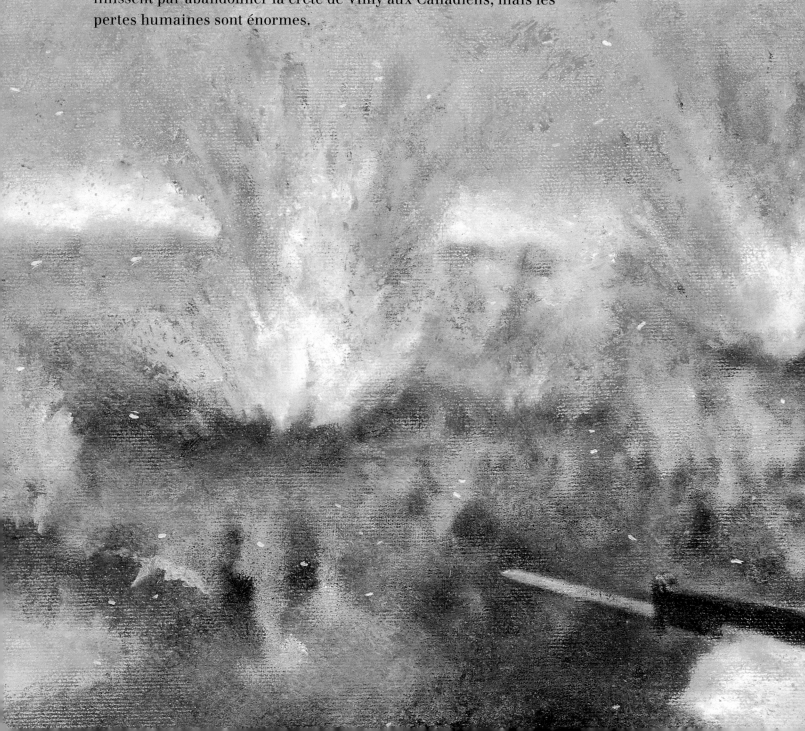

La guerre se poursuit et plusieurs pays sont continuellement bombardés. De splendides forêts disparaissent, laissant place à des champs de boue jonchés d'arbres fracassés et calcinés. Des villages entiers sont abandonnés.

En avril 1917, Leslie Miller et ses camarades signaleurs affrontent encore le danger en transmettant des messages sur la crête de Vimy, longue de quatorze kilomètres, située en France. Le lundi 9 avril à l'aube, il neige quand des milliers de soldats canadiens lancent une attaque soigneusement planifiée. Les combats au corps à corps et les bombardements durent quatre jours et quatre nuits. Les Allemands finissent par abandonner la crête de Vimy aux Canadiens, mais les pertes humaines sont énormes.

La terre est un chaos informe d'arbres fracassés et de trous d'obus. Les tranchées sont défoncées. C'est de loin la pire dévastation que j'ai vue de toute ma vie, et les odeurs sont pestilentielles.

Leslie H. Miller

Les zones blanches sur la crête de Vimy ressemblent à de la neige, mais il s'agit de craie. Des soldats ont creusé des tunnels dans la craie et, en attendant le début de la bataille, certains appartenant aux troupes canadiennes ont gravé leur nom, celui de leur ville natale et même leur visage sur les murs du tunnel. Un siècle plus tard, les inscriptions et autres gravures y sont encore.

Le matin du 9 avril 1917, par un froid hivernal, des soldats de l'artillerie canadienne ont été photographiés pendant la bataille de la crête de Vimy.

Un soldat allemand se tient au milieu d'arbres ravagés, près du village de Givenchy-en-Gohelle où se trouve aujourd'hui le Monument commémoratif du Canada à Vimy.

« Le lendemain, écrit Leslie dans son journal, je suis allé sur la crête pour transporter des blessés jusqu'au village de Thélus qui a été entièrement dévasté par nos tirs d'obus. » Quelques jours plus tard, Leslie grimpe dans la tour en ruine de l'abbaye du mont Saint-Éloi d'où il admire « la vue splendide sur toute la crête de Vimy, la ville d'Arras et les plateaux qui s'étendent au sud et à l'est de celle-ci ». Sur la crête, il ramasse quelques glands provenant des chênes qui ont été détruits par les bombardements. Il les voit comme de minuscules symboles d'espoir et de vie, et les envoie à sa famille, au Canada.

Leslie n'imagine pas un instant ce que son geste engendrera un siècle plus tard.

La victoire de Vimy procure au Canada le respect et la reconnaissance des nations alliées. Malheureusement, elle ne marque pas la fin de la guerre, qui durera encore plus d'un an.

Le 11 novembre 1918, à onze heures du matin, la signature de l'armistice met fin à la guerre. Leslie est nommé officier instructeur en transmissions. En attendant son rapatriement, il continue d'assurer les communications de l'armée grâce au télégraphe sans fil. Le 15 février 1919, il quitte les champs de bataille. L'été suivant, Leslie H. Miller, devenu lieutenant, est de retour à la ferme familiale en Ontario.

Une fois rapatriés, les soldats font des projets d'avenir. Leslie s'inscrit à l'université pour étudier les langues modernes, mais il abandonne ses études quand il attrape la scarlatine. Il retourne enseigner en Saskatchewan, mais doit une fois de plus changer ses plans et revient en Ontario. Sur le terrain familial de plus de vingt-quatre acres dont il a hérité, il construit une maison, cultive la terre et prend soin des jeunes pousses de chênes issues des glands qu'il a ramassés à Vimy.

En 1926, il épouse Mary Isabel Fraser, surnommée Essie, une enseignante qu'il a rencontrée avant la guerre. Ensemble, ils font prospérer leur exploitation et l'appellent *Les Chênes de Vimy*. Ils n'ont pas d'enfants, mais accueillent avec joie leurs neveux et nièces. Ils permettent aussi à d'autres jeunes de participer à leur vie et aux travaux de la ferme. Leslie, à présent entouré de vergers et de champs cultivés, leur fait part de son expérience de la guerre et de la dévastation sur une terre où il a laissé des amis qu'il n'oubliera jamais.

Les deux insignes sur l'épaule de Leslie définissent son grade de lieutenant. L'insigne sur le col et la casquette indique qu'il fait partie du Corps du Génie canadien, et le rectangle gris sur le haut du bras signifie qu'il fait partie de la 3e division canadienne.

La ferme de Leslie Miller, *Les Chênes de Vimy*, dans les années 1920. Au cours des décennies suivantes, des ruches, une serre et de grandes parcelles de jardin ont été ajoutées à la ferme.

Durant les années 1920, alors que Leslie et Essie Miller reconstruisent leur vie, les pays qui ont été impliqués dans la guerre pleurent les millions de morts et de disparus, et commencent à ériger des monuments en leur honneur. Des cimetières militaires sont créés afin de donner une sépulture permanente aux soldats morts au combat et de permettre à leurs familles de venir s'y recueillir.

En 1920, le Comité des monuments commémoratifs canadiens érigés sur des champs de bataille lance un concours pour la conception de monuments à construire en France et en Belgique. Le comité reçoit cent soixante dessins d'artistes canadiens; dix-sept sont retenus comme finalistes. Le gagnant, le sculpteur et concepteur Walter Seymour Allward, explique comment son idée lui est venue :

« J'ai rêvé que j'étais sur un immense champ de bataille. Je voyais nos hommes... par milliers... y être fauchés par la mort... Je détournai les yeux et aperçus une avenue bordée de peupliers. Et, dans cette avenue, des milliers d'hommes arrivaient à la rencontre des nôtres. C'étaient les morts qui se levaient en masse, s'alignaient en silence et couraient à l'aide des vivants... Sans les morts, nous étions sans ressources... Nous leur devons beaucoup et jamais nous ne les oublierons. »

Les touristes, y compris les anciens combattants invalides de la Première Guerre mondiale, ont commencé à visiter les champs de bataille du front Ouest dans les années 1920. Ici, des visiteurs circulent dans les tranchées de Vimy.

Le mémorial de Walter S. Allward sera érigé sur la colline numéro 145, le point le plus élevé de la crête de Vimy qui surplombe la plaine de Douai. En 1922, la France offre ce terrain au Canada, en reconnaissance de sa contribution à la guerre. Les travaux débutent trois ans plus tard. Un gigantesque socle de béton et d'acier est coulé avec mille précautions à cause des galeries souterraines et des bombes qui n'ont pas explosé. Le monument, construit sur le site d'une victoire cruciale à laquelle le Corps expéditionnaire canadien a participé en 1917, rappelle aux générations futures les nombreuses pertes humaines et la nécessité de maintenir la paix.

Walter S. Allward se tient à côté de la maquette qu'il a présentée au concours du mémorial de guerre.

Les statues de pierre du Mémorial de Vimy ont été faites par des sculpteurs, à même le site. Ici, ils travaillent sur le groupe de figures allégoriques appelé *Les Défenseurs : la Rupture de l'épée*.

Des avions de la Première Guerre mondiale ont survolé une foule de plus de 100 000 personnes le jour de l'inauguration du Monument commémoratif du Canada à Vimy, en France. La statue *Mère Canada* est l'œuvre du sculpteur italien Luigi Rigamonti. Drapée d'un drapeau britannique, elle attend d'être dévoilée par le roi Édouard VIII.

Des milliers de Canadiens se rendent en France pour assister à l'inauguration du Mémorial de Vimy, le 26 juillet 1936. Parmi la foule se trouvent d'anciens combattants de la bataille de la crête de Vimy, mais aussi les parents ou les femmes des soldats qui ont péri. Le roi Édouard VIII du Royaume-Uni retire le drapeau qui voile la statue principale, intitulée *Mère Canada,* et déclare que « les cicatrices de la guerre ont presque disparu du beau paysage qui s'étend à nos pieds. La paix y règne et l'espoir renaît ».

Le vent fait bruire les pins qui prospèrent près des tranchées vides. La campagne est verdoyante et les cultures nourrissent de nouveau la population. La route est bordée d'érables, mais il n'y a plus de chênes sur la crête.

Leslie ne retournera jamais en France après la guerre. Avec Essie, il exploite la ferme. Puis, de 1939 à 1945, une autre guerre s'abat sur le monde et les enfants des combattants de la Première Guerre partent se battre en Europe. À la fin du conflit, les soldats démobilisés et les civils de nombreux pays doivent refaire leur vie. Certains décident d'émigrer.

Parmi eux, beaucoup choisissent le Canada et s'installent dans la région de Toronto dans les années 1950 et 1960. Avec l'âge, Leslie Miller a besoin d'aide pour entretenir ses cultures et son verger. Il invite donc quelques familles d'immigrants récents à faire des jardins sur sa propriété. Comme il parle plusieurs langues, il lui est facile de communiquer avec eux. En échange des produits qu'ils récoltent, ces immigrants aident « Monsieur Miller » à cueillir les pommes. Les petits jardins des *Chênes de Vimy* sont souvent considérés comme les premiers jardins communautaires de la région.

Monty McDonald, le garçon qui, avec sa famille, a remonté l'allée de la ferme des Miller en 1951, vient souvent offrir son aide. Avec les deux neveux des Miller et d'autres garçons du voisinage, il participe aux travaux de la ferme. Ils aiment beaucoup brosser les chevaux, les harnacher et conduire l'attelage chargé de récoltes. Et ils adorent aller dans la grange pour plonger dans le foin.

Parfois, Leslie leur dit soudainement d'arrêter de travailler. Intrigués, les garçons s'approchent de lui. « Écoutez! dit ce dernier. C'est un bruant sauterelle, un oiseau rare en Ontario. » Comme beaucoup de soldats, Leslie n'entend plus très bien depuis la guerre. Mais il perçoit encore les cris aigus des oiseaux qui nichent dans les arbres de la propriété.

Devenus adolescents, les garçons aident Leslie en effectuant les durs travaux, comme faucher les prés, creuser des fossés, émonder les arbres fruitiers et cueillir les pommes. Leslie leur apprend à identifier les animaux et les plantes sauvages, à reconnaître les constellations et à travailler en harmonie avec la nature.

En 1965, Leslie et Essie vendent leur ferme et s'installent dans un appartement près des *Chênes de Vimy*. Éternel éducateur, Leslie continue de partager ses connaissances avec les écoliers et leurs enseignants qui viennent en classe de nature dans un parc voisin. Sa curiosité et son amour de la nature perdureront jusqu'à sa mort en 1979, à l'âge de quatre-vingt-dix ans. Essie le rejoindra en 1984. Les garçons, devenus pères de famille, gardent mille souvenirs de la ferme, de ses champs, de ses vergers et de ses boisés.

Quelques chênes de Vimy plantés en bordure de la ferme des Miller sont abattus afin d'élargir la chaussée. Pendant des dizaines d'années, des bâtiments industriels vont remplacer peu à peu la ferme et ses vergers. Finalement, en 2007, une congrégation religieuse locale achète la propriété et construit une église pour tenir ses assemblées. Depuis la chapelle, on peut apercevoir les restes du boisé qui appartenait aux Miller.

Les chênes de Vimy qui ont été épargnés continuent de grandir. Les passants apprécient la fraîcheur de leur ombre; ils ne savent pas que ces arbres sont chargés d'histoire.

Daniel, l'un des neveux de Leslie et d'Essie, lors d'une visite aux *Chênes de Vimy* en 1957. Il adorait monter Rose.

Sur ces photos prises en 1955, on voit Essie et Leslie accompagné d'un ami félin.

« J'écris ces lignes assis au pied d'un grand chêne », racontait Leslie en 1916, alors que les combats faisaient rage aux alentours. Il n'aurait jamais imaginé que plusieurs générations de familles apprécieraient l'ombre des chênes qu'il avait fait pousser au Canada.

En 2004, au cours d'un voyage en France longuement préparé, Monty McDonald suit les routes empruntées par son père durant la Deuxième Guerre mondiale. Il visite aussi les champs de bataille de la Première Guerre, en France et en Belgique. Un arrêt à Vimy s'impose. Il fait le tour de l'imposant monument commémoratif, arpente les allées du cimetière militaire canadien et parcourt le *Chemin des Canadiens*. Il essaie d'imaginer ce que Leslie a vécu à cet endroit, presque cent ans plus tôt.

Près de la crête de Vimy se trouvent des villages, comme Thélus et Givenchy-en-Gohelle que Leslie a vus en ruine en 1917. Depuis, ces deux villages ont été reconstruits. Mais Monty ne voit aucun chêne. Pourtant, les chênes de Vimy plantés par Leslie Miller continuent de s'épanouir, de l'autre côté de l'océan. « Et si la crête de Vimy pouvait reverdir grâce aux chênes de Leslie? » se dit-il.

De grands érables bordent la route qui passe à proximité du Monument commémoratif du Canada à Vimy.

Près du Mémorial de Vimy, le paysage porte encore la trace des cratères faits par les explosions pendant les batailles. Les pins projettent leurs ombres sur les tranchées, et des moutons broutent dans les prés environnants. L'herbe recouvre des explosifs encore dangereux, ensevelis depuis cent ans.

Les chênes sont des symboles de force et d'endurance. Ceux que Leslie Miller a fait pousser au Canada portent le nom latin de *Quercus robur*.

Une idée vient de germer dans l'esprit de Monty, tout comme les glands que Leslie Miller a envoyés au Canada. Des experts en foresterie confirment que les chênes du boisé des Miller, à Scarborough, *ne sont pas* d'une espèce indigène au Canada. Ce sont des chênes européens, comme ceux que le lieutenant Leslie H. Miller a vu ravagés par la guerre. C'est le début d'une belle aventure.

L'idée de rapatrier des descendants des chênes de Leslie Miller suscite rapidement un vif intérêt. Des gens se mobilisent et le projet de rapatriement des chênes de Vimy est couvert par la presse canadienne. L'objectif est de replanter des chênes, issus de ceux de Leslie, pour qu'ils prospèrent de nouveau sur la crête de Vimy et sur des lieux de commémoration au Canada.

Par une froide journée de janvier 2015, des arboriculteurs grimpent dans les chênes des Miller et prélèvent des scions portant des bourgeons en dormance. Ces scions sont ensuite greffés sur de jeunes chênes européens originaires de la Colombie-Britannique.

Les jeunes chênes grandissent d'abord dans une serre chauffée, puis sont déplacés dans un bâtiment plus vaste où la température est similaire à celle de l'extérieur. Ils sont rempotés régulièrement durant leur croissance. Au printemps 2016, ils sont déplacés à l'extérieur afin qu'ils s'acclimatent définitivement. En été, d'autres jeunes arbres issus de glands des chênes de Leslie viennent grossir l'ensemble. Des centaines de « chênes de Vimy », symboles de souvenirs, seront bientôt prêts à être plantés partout au Canada.

L'arboriculteur Andrew Cowell grimpe haut dans l'un des chênes de Vimy de la propriété des Miller pour recueillir les boutures appelées scions.

Les routes sont bordées de longues rangées de peupliers. Ces arbres font près de soixante pieds de hauteur, et leurs branches se rejoignent au-dessus de la route. Nous avançons dans une allée royale couverte d'une voûte de feuillage et tapissée par les feuilles qui commencent à tomber.

Leslie H. Miller

Les chênes issus de greffes ou de cultures de glands sont devenus de robustes *soldats*. Alignés dans une pépinière ontarienne, ils atteignent le plafond de la zone de culture.

Le gland est le fruit du chêne. À l'intérieur du gland, il y a habituellement un germe. Le « chapeau » est appelé cupule. Certains glands sont petits et ronds; les glands de Vimy sont longs et ovales.

Pendant ce temps, en France, on cultive d'autres arbres provenant de glands ramassés au Canada, sous les immenses chênes de Leslie Miller. Le 11 novembre 2018, jour du 100ᵉ anniversaire de la fin de la Première Guerre mondiale, ces jeunes arbres borderont la crête de Vimy et orneront le parc du centenaire de la Fondation Vimy, près du monument commémoratif.

Le Monument commémoratif du Canada à Vimy symbolise la paix, la justice et le souvenir. Tout comme les deux grands piliers blancs qui se dressent dans le ciel, les jeunes chênes récemment transplantés domineront, pendant des générations, les visiteurs de Vimy, en souvenir du passé et d'un soldat canadien qui, un jour, a tenu au creux de sa main des glands, symboles d'espoir et de renouveau.

En marchant dans cette allée bordée d'arbres, on ressent une grande paix, malgré le vent qui siffle. La lumière diffuse est étrangement douce et le bruissement des feuilles est si agréable à l'oreille qu'on se croirait dans un pays enchanté.

Leslie H. Miller

Glossaire

Arboriculteur — Spécialiste de la culture des arbres.

Armistice — Fin officielle d'une guerre.

Fièvre des tranchées — Maladie causée par un microbe transmis par les poux et qui donne de la fièvre, des maux de tête et des douleurs musculaires.

Permission — Période de congé officiel qu'un soldat prend loin des champs de bataille.

Plaine de Douai — Terrain plat qui s'étend au pied de la crête de Vimy.

Première Guerre mondiale — Guerre de 1914-1918; aussi appelée la « Grande Guerre » ou la « Guerre qui mettra fin à toutes les guerres ».

Rapatriement — Retour dans le pays d'origine.

Scarlatine — Maladie contagieuse qui se manifeste par une forte fièvre et des éruptions cutanées de couleur rouge.

Scion — Jeune branche droite et flexible portant des bourgeons, qu'on prélève sur un arbre pour le greffer à un autre.

« Baignade dans un trou d'obus » est le titre que Leslie Miller a donné à cette photo prise près de Souchez, en France. Les soldats gardaient leur casque d'acier même pour se baigner, par précaution.

Index

Remerciements

Je suis heureuse de ne pas avoir voyagé seule à travers les nombreux champs de bataille du passé ni sous les arbres imposants du présent.

Je remercie du fond du cœur l'équipe talentueuse de Scholastic Canada Ltd. : Sandy Bogart Johnston, qui m'a accompagnée lors de ma première visite aux *Chênes de Vimy* de Leslie Miller; Diane Kerner, une éditrice qui m'a offert un soutien indéfectible; Anne Shone, qui a volontiers repris le flambeau lorsque ce projet a grandi; Aldo Fierro, qui a conçu des pages magnifiques; et Brian Deines, illustrateur extraordinaire.

J'exprime aussi ma gratitude à ceux qui ont offert leur temps et leur expertise : Patricia Sinclair, coordonnatrice du projet de rapatriement des chênes de Vimy; Brandt Miller et Dan Miller, neveux de Leslie H. Miller; Richard (Kathy) Breakey, petit-neveu de Leslie H. Miller; Lynda Kuehn, petite-nièce de Leslie H. Miller; l'église baptiste chinoise de Scarborough, à Scarborough (Ontario); Melissa Mikel, éducatrice spécialiste du jour du Souvenir; Dorothy Proudler; Monty McDonald, président, *The Vimy Oaks Legacy Corporation*, et le dernier Stitch; Caitlin Ayling, Case Vanderkruk et Andrew Barbour, NVK Holdings Inc., Waterdown (Ontario); Jeremy Diamond et Jennifer Blake, la Fondation Vimy; Tim Cook et Arlene Doucette, Musée canadien de la guerre; le comité Givenchy 2017/année du Canada de Givenchy-en-Gohelle, en France; Diane Turbide, Robert Symons; Mary Hocaliuk, Archives du Manitoba; le personnel de Bibliothèque et Archives Canada; Alexandre Bellemare, Anciens Combattants Canada.

Enfin, comme toujours, mille mercis et beaucoup d'amour à Cal Smiley, Devon Smiley, Brian Smiley, Felicia Torchia et Cyrus Joseph Smiley qui, comme ce livre, a vu le jour en 2017.

Références photographiques

Nous remercions chaleureusement toutes les personnes qui nous ont accordé la permission d'utiliser des documents personnels ou protégés par le droit d'auteur. Tous les efforts raisonnables ont été faits pour localiser les détenteurs des droits d'auteur pour ces images. L'auteure et l'éditeur seraient ravis de recevoir toute information permettant de rectifier d'éventuelles omissions lors de futures réimpressions.
Les photographies d'archives sont partagées à titre gracieux par la famille Miller, sauf indication contraire. TGC signifie The Granfield Collection.
Page 2 : Gracieuseté de Dorothy Proudler
Page 8 : (en haut) TGC, (en bas) Archives du Manitoba, L. B. Foote fonds, Foote 2303. *Parade on Portage Ave.* [c1915], N2965; (en bas) TGC
Page 11 : (en haut à droite) TGC ; (en bas) Montague B. Black
Page 12 : (en haut) TGC
Page 16 : TGC
Page 20 : TGC
Page 21 : Gracieuseté d'Anciens Combattants Canada
Page 22 : TGC
Page 28 : TGC
Page 30 : Gracieuseté de Robert Symons
Page 31 : TGC